Luna and the Starry Night: And Other Bilingual Swedish-English Stories for Kids

Pomme Bilingual

Published by Pomme Bilingual, 2024.

While every precaution has been taken in the preparation of this book, the publisher assumes no responsibility for errors or omissions, or for damages resulting from the use of the information contained herein.

LUNA AND THE STARRY NIGHT: AND OTHER BILINGUAL SWEDISH-ENGLISH STORIES FOR KIDS

First edition. October 17, 2024.

Copyright © 2024 Pomme Bilingual.

ISBN: 979-8227803269

Written by Pomme Bilingual.

Table of Contents

De Busiga Mössen i Malmö

I en gammal, mysig lägenhet mitt i Malmö bodde en grupp möss som alla var mycket busiga. De var inte som vanliga möss som bara letar efter mat och springer runt i skuggorna. Nej, dessa möss var smarta och älskade att hitta på bus mot människorna i huset. Deras ledare, en liten mus vid namn Max, var den allra slugaste av dem alla.

"Vi måste hitta på något stort!" sa Max en dag medan de andra mössen samlades runt honom. "Något som människorna aldrig kommer att glömma."

Alla möss jublade. De älskade Max idéer, för han hade alltid de roligaste planerna.

Första buset var enkelt. De stal en sko från varje person i huset och gömde dem på olika ställen. När människorna vaknade på morgonen och försökte klä sig för jobbet, blev de galna. Varför fanns det bara en sko? Var den andra hade tagit vägen?

"De kommer aldrig lista ut att det var vi!" fnittrade Max medan mössen kikade genom springorna och såg på kaoset.

Nästa dag gjorde de något ännu bättre. De flyttade alla köksredskap från sina vanliga platser. Gafflar låg i kylskåpet, skedar gömda i sängarna och tallrikar låg under soffan. Människorna trodde att de hade blivit tokiga.

"Det här är för lätt!" skrattade Max och de andra mössen.

Men en dag, när mössen planerade sitt största bus hittills – att flytta hela människornas matförråd till vinden – hände något oväntat. När de försökte smyga in i köket, blev de plötsligt infångade i en bur.

"Vad i hela friden!?" ropade Max, chockad.

Där stod människor och log. "Vi visste att det var ni små busfrön," sa en av dem. "Vi har hört er fnittra och se på medan vi letade efter våra saker."

Mössen kände sig dumma. De hade trott att människorna var helt ovetande, men det visade sig att de hade varit smartare än de trodde.

Människorna skrattade dock inte elakt. De släppte ut mössen ur buren och sa: "Vi kan låta er vara kvar här, men bara om ni lovar att inte busa så mycket."

Max och mössen tittade på varandra och nickade. Kanske var det dags att sluta med buset och istället hitta på något annat, något som kunde vara roligt för både möss och människor.

Från den dagen blev mössen och människorna i huset vänner. Istället för bus, hjälpte mössen människorna att hitta förlorade saker och ibland till och med att städa upp.

Och trots att Max ibland saknade de gamla dagarna av bus, insåg han att vänskap var mycket roligare än att ställa till problem.

The Mischievous Mice of Malmö

In an old, cozy apartment in the middle of Malmö, lived a group of mice who were very mischievous. They weren't like regular mice that only looked for food and scurried in the shadows. No, these mice were clever and loved to play tricks on the humans in the house. Their leader, a small mouse named Max, was the craftiest of them all.

"We need to come up with something big!" Max said one day as the other mice gathered around him. "Something the humans will never forget."

All the mice cheered. They loved Max's ideas because he always came up with the most fun plans.

The first prank was simple. They stole one shoe from each person in the house and hid them in different places. When the humans woke up in the morning and tried to get dressed for work, they went crazy. Why was there only one shoe? Where had the other gone?

"They'll never figure out it was us!" giggled Max as the mice peeked through the cracks and watched the chaos unfold.

The next day, they did something even better. They moved all the kitchen utensils from their usual spots. Forks were in the fridge, spoons hidden in beds, and plates were under the couch. The humans thought they had gone mad.

"This is too easy!" laughed Max and the other mice.

But one day, when the mice were planning their biggest prank yet – to move all the humans' food supply to the attic – something unexpected happened. As they tried to sneak into the kitchen, they were suddenly trapped in a cage.

"What in the world!?" shouted Max, shocked.

There stood the humans, smiling. "We knew it was you little rascals," said one of them. "We've heard you giggling and watching as we searched for our things."

The mice felt embarrassed. They had thought the humans were clueless, but it turned out they were smarter than the mice had imagined.

However, the humans didn't laugh cruelly. They released the mice from the cage and said, "We'll let you stay here, but only if you promise not to prank us so much."

Max and the mice looked at each other and nodded. Maybe it was time to stop the mischief and find something else to do, something that could be fun for both the mice and the humans.

From that day on, the mice and the humans in the house became friends. Instead of playing tricks, the mice helped the humans find lost things and even helped tidy up sometimes.

And though Max sometimes missed the old days of pranks, he realized that friendship was much more fun than causing trouble.

Den Magiska Paraplyet

En dag när Ella promenerade genom parken på väg hem från skolan, hittade hon något mycket ovanligt. Det var ett gammalt paraply, som låg bortglömt under en bänk. Paraplyet var mörkblått med små stjärnor på, och handtaget var format som ett litet gyllene hjärta.

Nyfiken böjde hon sig ner och plockade upp det. När hon höll paraplyet i handen, kände hon något speciellt – det var som om paraplyet pulserade av magi. Hon tittade runt omkring sig för att se om någon kanske hade tappat det, men ingen verkade sakna det.

"Jag undrar vad som händer om jag öppnar det," tänkte hon för sig själv. Så, utan att tveka, slog hon upp paraplyet. Plötsligt kändes det som om hela världen snurrade runt henne, och vinden blåste så kraftigt att hennes fötter lyfte från marken.

Innan hon visste ordet av var hon inte längre i parken. Hon svävade över ett stort, glittrande hav, och i fjärran kunde hon se ett land fullt av höga palmer och sandstränder.

"Var är jag?" frågade hon högt för sig själv.

"Du är i Karibien," svarade en vänlig röst bredvid henne. Ella tittade ner och såg en stor, färgglad papegoja som flög bredvid henne.

"Karibien? Men jag var just i parken!" utropade hon.

"Det här paraplyet är inte som andra paraplyer," sa papegojan. "Det kan ta dig var som helst i världen, bara du föreställer dig platsen."

Ella blev överlycklig. Hon hade alltid drömt om att resa och upptäcka olika länder, men hade aldrig trott att det skulle vara möjligt med ett paraply!

Efter att ha landat på en varm, vit sandstrand, spenderade Ella dagen med att upptäcka Karibiens fantastiska kultur. Hon lärde sig dansa till den livliga musiken, smakade på exotisk frukt och pratade med människorna, som berättade historier om deras traditioner.

När solen började gå ner, öppnade Ella sitt magiska paraply igen och föreställde sig nästa plats. Den här gången hamnade hon i en storstad med höga byggnader och blinkande ljus överallt.

"Välkommen till Tokyo!" sa en vänlig kvinna som gick förbi. Ella spenderade dagen med att upptäcka Japans moderna teknologi, gamla tempel och fantastiska mat.

Under de kommande veckorna använde Ella paraplyet för att resa över hela världen. Hon besökte pyramiderna i Egypten, åkte skidor i Schweiz, och till och med såg de majestätiska norrskenen i Lappland. Varje land hon besökte gav henne nya vänner och nya erfarenheter. Hon lärde sig att världen var så mycket större och vackrare än hon någonsin hade kunnat föreställa sig.

Men en dag, när hon satt hemma i sitt rum, insåg hon att hon hade varit borta så länge att hon saknade sin familj och sina vänner. Det var dags att återvända hem.

Ella öppnade paraplyet en sista gång och föreställde sig sin egen lilla stad. På ett ögonblick var hon tillbaka i parken där hon först hade hittat paraplyet. Men den här gången, istället för att lämna paraplyet, bestämde hon sig för att behålla det.

"Vem vet," tänkte hon, "kanske kommer jag att behöva det för nästa äventyr."

Och så levde Ella vidare, med vetskapen om att världen alltid var bara ett paraply bort.

The Magical Umbrella

One day, as Ella was walking through the park on her way home from school, she found something very unusual. It was an old umbrella, forgotten under a bench. The umbrella was dark blue with little stars on it, and the handle was shaped like a small golden heart.

Curious, she bent down and picked it up. When she held the umbrella in her hand, she felt something special – it was as if the umbrella pulsed with magic. She looked around to see if someone might have dropped it, but no one seemed to be missing it.

"I wonder what happens if I open it," she thought to herself. So, without hesitation, she opened the umbrella. Suddenly, it felt like the whole world was spinning around her, and the wind blew so hard that her feet lifted off the ground.

Before she knew it, she was no longer in the park. She was floating above a vast, sparkling ocean, and in the distance, she could see a land full of tall palm trees and sandy beaches.

"Where am I?" she asked aloud.

"You're in the Caribbean," answered a friendly voice beside her. Ella looked down and saw a big, colorful parrot flying next to her.

"The Caribbean? But I was just in the park!" she exclaimed.

"This umbrella is not like other umbrellas," said the parrot. "It can take you anywhere in the world, as long as you imagine the place."

Ella was thrilled. She had always dreamed of traveling and discovering different countries, but she had never imagined it would be possible with an umbrella!

After landing on a warm, white sandy beach, Ella spent the day exploring the amazing culture of the Caribbean. She learned to dance to lively music, tasted exotic fruit, and talked to the locals, who told her stories about their traditions.

As the sun began to set, Ella opened her magical umbrella again and imagined the next place. This time, she found herself in a big city with tall buildings and flashing lights everywhere.

"Welcome to Tokyo!" said a friendly woman passing by. Ella spent the day exploring Japan's modern technology, ancient temples, and incredible food.

Over the next few weeks, Ella used the umbrella to travel all over the world. She visited the pyramids in Egypt, skied in Switzerland, and even saw the majestic northern lights in Lapland. Every country she visited gave her new friends and new experiences. She learned that the world was so much bigger and more beautiful than she had ever imagined.

But one day, as she sat in her room at home, she realized she had been gone so long that she missed her family and friends. It was time to return home.

Ella opened the umbrella one last time and imagined her own little town. In an instant, she was back in the park where she had first found the umbrella. But this time, instead of leaving the umbrella, she decided to keep it.

"Who knows," she thought, "maybe I'll need it for the next adventure."

And so, Ella lived on, knowing that the world was always just an umbrella away.

Den Sjungande Ekorren

Djupt inne i den gröna, frodiga skogen bodde en liten ekorre som hette Snurre. Han var inte som andra ekorrar. Istället för att springa runt och samla nötter hela dagen, älskade Snurre att sjunga. Och hans röst var något alldeles speciellt. Varje gång han sjöng, fylldes skogen med de mest underbara melodier, och alla djuren stannade upp för att lyssna.

Men trots att Snurre hade en fantastisk röst, kände han sig ofta ensam. Han ville inte bara sjunga för sig själv, han ville dela sin musik med andra. En dag fick han en idé – varför inte ordna en musikfestival i skogen? Då kunde alla skogens djur delta och dela sina talanger.

Snurre sprang genast till sin bästa vän, en liten fågel som hette Pippa. Pippa var mycket blyg, men hon hade en mjuk och vacker sångröst, nästan som en viskning i vinden.

"Pippa!" ropade Snurre när han kom fram till henne. "Jag tänker ordna en musikfestival här i skogen, och jag vill att du ska sjunga med mig! Vi kan vara en duo!"

Pippa tittade ner på marken och skakade försiktigt på huvudet. "Jag vet inte, Snurre. Jag är inte lika modig som du. Vad händer om ingen gillar min sång?"

Snurre log och lade en tass på hennes axel. "Det handlar inte om att vara modig, Pippa. Det handlar om att dela det vi älskar. Vi kan göra det tillsammans, och jag vet att alla kommer att älska din röst lika mycket som jag gör."

Efter en stund av tystnad nickade Pippa till slut. "Okej, jag ska försöka."

De tillbringade dagarna innan festivalen med att öva tillsammans, och snart fylldes hela skogen av deras harmonier. De andra djuren blev nyfikna och började sprida ordet om den kommande festivalen. Alla var så spända på att höra den sjungande ekorren och hans vän, den lilla fågeln.

Den stora dagen kom, och skogen var fylld med djur från alla hörn. Räv, hjort, igelkott och till och med de små kaninerna satt tysta och väntade på att musiken skulle börja.

Snurre och Pippa stod vid scenens kant, och Snurre kände hur Pippa darrade bredvid honom.

"Vi gör det här tillsammans, kom ihåg det," viskade Snurre. Pippa nickade och tog ett djupt andetag.

När de började sjunga, fylldes skogen med den mest fantastiska musiken. Snurre sjöng högt och självsäkert, medan Pippas mjuka röst flöt genom luften som en vindpust. Deras röster blandades perfekt, och djuren i publiken kunde inte tro sina öron.

Men mitt under framträdandet märkte Snurre något. Pippa började sakta bli mer självsäker och sjöng högre och klarare än någonsin förut. Snurre tog ett steg tillbaka och lät henne ta ledningen. Det var som om hela skogen vaknade till liv med hennes sång.

När sången var slut, bröt publiken ut i jubel. Alla applåderade och ropade på mer.

Snurre log stort mot Pippa. "Se, jag sa ju att du kunde göra det!"

Pippa skrattade glatt. "Jag hade inte kunnat göra det utan dig."

Efter den dagen blev musikfestivalen en årlig tradition i skogen, och både Snurre och Pippa delade alltid scenen. De hade lärt sig att ibland måste man dela strålkastarljuset för att verkligen lysa.

The Singing Squirrel

D eep within the lush, green forest lived a little squirrel named Snurre. He wasn't like other squirrels. Instead of running around gathering nuts all day, Snurre loved to sing. And his voice was something truly special. Every time he sang, the forest filled with the most beautiful melodies, and all the animals stopped to listen.

But despite his amazing voice, Snurre often felt lonely. He didn't want to sing just for himself; he wanted to share his music with others. One day, he had an idea – why not organize a music festival in the forest? That way, all the animals could join in and share their talents.

Snurre immediately ran to his best friend, a little bird named Pippa. Pippa was very shy, but she had a soft and beautiful voice, almost like a whisper in the wind.

"Pippa!" Snurre called as he reached her. "I'm organizing a music festival in the forest, and I want you to sing with me! We can be a duo!"

Pippa looked down at the ground and gently shook her head. "I don't know, Snurre. I'm not as brave as you. What if no one likes my singing?"

Snurre smiled and put a paw on her shoulder. "It's not about being brave, Pippa. It's about sharing what we love. We can do it together, and I know everyone will love your voice just as much as I do."

After a moment of silence, Pippa finally nodded. "Okay, I'll try."

They spent the days before the festival practicing together, and soon the entire forest was filled with their harmonies. The other animals became curious and started spreading the word about the upcoming festival. Everyone was excited to hear the singing squirrel and his little bird friend.

The big day arrived, and the forest was filled with animals from all corners. Foxes, deer, hedgehogs, and even the little rabbits sat quietly, waiting for the music to begin.

Snurre and Pippa stood at the edge of the stage, and Snurre could feel Pippa trembling beside him.

"We're in this together, remember," Snurre whispered. Pippa nodded and took a deep breath.

As they began to sing, the forest was filled with the most incredible music. Snurre sang loud and confident, while Pippa's soft voice floated through the air like a breeze. Their voices blended perfectly, and the animals in the audience couldn't believe their ears.

But during the performance, Snurre noticed something. Pippa was slowly becoming more confident, singing louder and clearer than ever before. Snurre took a step back and let her take the lead. It was as if the whole forest came alive with her song.

When the song ended, the audience erupted in cheers. Everyone clapped and called for more.

Snurre beamed at Pippa. "See, I told you you could do it!"

Pippa laughed joyfully. "I couldn't have done it without you."

From that day on, the music festival became an annual tradition in the forest, and Snurre and Pippa always shared the stage. They had learned that sometimes you need to share the spotlight to truly shine.

Den Stora Kakkuppen

I den lilla staden Bråkeby hade barnen alltid en stor dröm: att göra något som ingen någonsin glömde. Och nu när stadens årliga festival närmade sig, bestämde de sig för att det var dags att sätta sin plan i verket. "Vi ska baka världens största kaka!" utropade deras ledare, Lisa, med gnistrande ögon. Alla barnen i kvarteret nickade ivrigt. Det skulle bli den största, sötaste och mest imponerande kakan världen någonsin sett!

Men att baka en enorm kaka visade sig inte vara så enkelt som de trodde.

"Först måste vi hitta ingredienser," sa Ahmed, som alltid var den praktiska i gruppen. "Vi behöver massor av mjöl, socker, smör, och choklad."

Barnen delade upp sig och sprang hem för att samla allt de kunde hitta i sina kök. När de kom tillbaka, bar de på stora säckar med mjöl, paket med smör och högar av chokladkakor.

"Det här räcker nog!" sa Tim, och ställde upp ingredienserna på bänken i den lilla bakstugan vid torget.

Men när de började blanda ihop de gigantiska mängderna, stötte de på sitt första problem.

"Skålarna är för små!" ropade Maria, vars ansikte var täckt av mjöl efter att ha försökt hälla det i en vanlig bunke. "Hur ska vi kunna blanda allt?"

Efter en stunds funderande fick Lisa en lysande idé. "Vi använder skottkärran! Den är stor nog!"

De hämtade snabbt en skottkärra från Tim's garage och började blanda degen i den. Att röra om med en vanlig slev var omöjligt, så de använde en trädgårdsspade istället. Efter mycket skratt och några snubblingar över säckar med mjöl, lyckades de äntligen få till en jätteklump av kakdeg.

"Nu behöver vi bara grädda den," sa Ahmed stolt.

Men snart insåg de att ingen vanlig ugn i staden var stor nog att få plats med en så stor kaka.

"Vad ska vi göra nu?" frågade Anna och satte sig på en säck med socker, uppgiven.

Lisa funderade en stund, och sedan lyste hennes ansikte upp. "Vi kan använda pizzaugnen på pizzerian! Den är gigantisk!"

De sprang alla till pizzerian och övertalade ägaren att låna ut ugnen för deras stora kakbak. Pizzabagaren, som tyckte att idén var så galen att den var underbar, gick med på det.

Med stor försiktighet lade de in den enorma kakdegen i ugnen och väntade med spänning. Men när tiden var inne och de öppnade ugnen, märkte de att kakan hade jäst och blivit ännu större än de förväntat sig!

"Den kommer inte ut!" ropade Tim i panik.

Efter att ha försökt dra ut kakan med alla medel kom de på att de kunde ta ut den bit för bit och sätta ihop den igen som ett pussel.

Det tog dem hela dagen, men till slut stod den där, världens största kaka, mitt på torget – lite ojämn och trasig, men ändå fantastisk!

När festivalen började, och alla stadens invånare såg den gigantiska kakan, jublade de och applåderade barnens kreativitet och envishet.

"Ni gjorde det!" utropade Lisa och höjde en bit av kakan i luften. "Den stora kakkuppen blev en succé!"

Och så blev det. Barnen lärde sig att med kreativitet och samarbete kan man övervinna även de mest oväntade utmaningarna. Och kakbitarna? De smakade helt underbart.

The Great Cookie Caper

In the small town of Bråkeby, the children always had a big dream: to do something that no one would ever forget. And now, with the annual town festival approaching, they decided it was time to put their plan into action. "We're going to bake the world's biggest cookie!" announced their leader, Lisa, her eyes sparkling with excitement. All the kids in the neighborhood nodded eagerly. It was going to be the biggest, sweetest, and most impressive cookie the world had ever seen!

But baking a gigantic cookie turned out to be more difficult than they had expected.

"First, we need to gather the ingredients," said Ahmed, who was always the practical one in the group. "We need tons of flour, sugar, butter, and chocolate."

The kids split up and ran home to gather everything they could find in their kitchens. When they returned, they carried large sacks of flour, packs of butter, and stacks of chocolate bars.

"This should be enough!" said Tim, setting the ingredients on the counter of the small bakery at the town square.

But as they started mixing the massive amounts, they ran into their first problem.

"The bowls are too small!" shouted Maria, her face covered in flour after trying to pour it into an ordinary mixing bowl. "How are we going to mix all of this?"

After a moment of thinking, Lisa had a brilliant idea. "Let's use the wheelbarrow! It's big enough!"

They quickly fetched a wheelbarrow from Tim's garage and began mixing the dough in it. Stirring with an ordinary spoon was impossible, so they used a garden shovel instead. After a lot of laughter and a few tumbles over sacks of flour, they finally managed to get a huge lump of cookie dough ready.

"Now we just need to bake it," said Ahmed proudly.

But soon they realized that no ordinary oven in town was big enough to fit such a huge cookie.

"What are we going to do now?" asked Anna, sitting down on a sack of sugar, defeated.

Lisa thought for a moment, and then her face lit up. "We can use the pizza oven at the pizzeria! It's huge!"

They all ran to the pizzeria and convinced the owner to let them use the oven for their giant cookie project. The pizza chef, who thought the idea was so crazy it was wonderful, agreed.

With great care, they slid the massive cookie dough into the oven and waited anxiously. But when the time came and they opened the oven, they realized the cookie had risen even bigger than they had expected!

"It won't come out!" shouted Tim in a panic.

After trying to pull the cookie out by every possible means, they figured out they could take it out piece by piece and assemble it again like a puzzle. It took them all day, but finally, there it stood – the world's largest cookie, right in the middle of the town square – a little uneven and broken, but still amazing!

As the festival began, and the town's people saw the gigantic cookie, they cheered and applauded the children's creativity and determination.

"You did it!" Lisa exclaimed, raising a piece of the cookie in the air. "The great cookie caper was a success!"

And so it was. The children learned that with creativity and teamwork, you can overcome even the most unexpected challenges. And the cookie pieces? They tasted absolutely delicious.

Den Osannolika Vänskapen

I den lilla staden Gläntby bodde en gammal, grinig katt vid namn Gustav. Han gillade att tillbringa sina dagar i stillhet, liggandes i solstrålarna som sträckte sig genom hans fönster. Gustav var inte mycket för sällskap, speciellt inte från en viss hund som precis hade flyttat in i huset bredvid.

Hunden, som hette Loke, var en sprudlande, glad varelse som alltid ville leka och springa runt. Han hade stora, bruna ögon och en viftande svans som aldrig verkade vila. Varje gång Loke såg Gustav på gården försökte han få honom att leka. Men Gustav suckade bara och vände ryggen till. "Jag har inte tid för sånt där valpbus," muttrade han för sig själv.

En dag började det hända mystiska saker i kvarteret. Skräp från soptunnorna blev spridda över hela gatan, mat försvann från altaner, och det hördes konstiga ljud om natten. Alla grannarna var förbryllade – vem kunde ligga bakom detta kaos?

Gustav, som hade en skarp näsa för att upptäcka problem, misstänkte genast en illvillig varelse. "Det måste vara tvättbjörnen jag sett smyga omkring om nätterna," muttrade han för sig själv. "Jag kan inte stå ut med detta längre."

Samtidigt var Loke orolig. Han ville hjälpa sina nya grannar och visa att han kunde vara till nytta, men ingen tog honom riktigt på allvar. De såg honom bara som den glada, hoppande hunden som aldrig kunde vara still.

En natt, när Gustav satt på sitt fönsterbräde och spanade ut i mörkret, såg han tvättbjörnen smyga sig fram igen, denna gång med en säck fylld av stulna godsaker. Han insåg att han inte skulle kunna stoppa den på egen hand – han behövde hjälp. Med en suck insåg han att det bara fanns en som kunde hjälpa honom just nu.

Han sprang snabbt över till huset bredvid och knackade försiktigt på dörren med sin tass. Loke, som låg och sov på sin matta, reste sig glatt upp när han såg Gustav. "Gustav! Vill du leka?"

"Nej, vi har ett jobb att göra," sa Gustav torrt. "Det är en tvättbjörn som ställer till med allt detta bråk, och vi måste stoppa honom."

Lokes ögon lyste upp. "Jag visste att det var något mystiskt på gång! Låt oss fånga den!"

Tillsammans smög de tyst genom trädgårdarna, följde spåren efter tvättbjörnen och lade upp en plan. Gustav använde sitt vassa sinne för att förutse var tvättbjörnen skulle slå till nästa gång, medan Loke, med sin snabba smidighet, kunde springa runt och blockera tvättbjörnens flyktvägar.

När de till slut hörde rasslet av en soptunna visste de att det var dags. Med Gustav som signalstyrande och Loke som sprang fram, lyckades de överraska tvättbjörnen. Tvättbjörnen tappade sin säck och försökte smita, men Loke var för snabb. Med ett glatt skällande sprang han efter tvättbjörnen, och tillsammans jagade de bort den från kvarteret för gott.

När lugnet återvände till Gläntby, satt Gustav och Loke tillsammans på en bänk i grannskapet och såg solen gå upp.

"Du vet, du är inte så dum ändå," sa Gustav med ett litet leende.

Loke viftade med svansen. "Och du är inte så sur som jag trodde, Gustav. Kanske vi kan vara vänner ändå?"

Från den dagen var Gustav och Loke oskiljaktiga. De må ha varit olika, men tillsammans visade de att vänskap kunde övervinna allt – även en listig tvättbjörn.

The Unlikely Friendship

In the small town of Gläntby lived an old, grumpy cat named Gustav. He liked to spend his days in peace, lounging in the sunbeams that stretched through his window. Gustav wasn't fond of company, especially not from a certain dog that had just moved into the house next door.

The dog, named Loke, was a bubbly, cheerful creature who always wanted to play and run around. He had big, brown eyes and a wagging tail that never seemed to stop. Every time Loke saw Gustav in the yard, he tried to get him to play. But Gustav would just sigh and turn his back. "I don't have time for puppy games," he muttered to himself.

One day, mysterious things started happening around the neighborhood. Garbage was scattered all over the street, food disappeared from porches, and strange noises were heard at night. All the neighbors were puzzled—who could be behind this mess?

Gustav, who had a keen sense for detecting trouble, immediately suspected a mischievous creature. "It must be that raccoon I've seen sneaking around at night," he muttered. "I can't stand this any longer."

Meanwhile, Loke was worried. He wanted to help his new neighbors and show them that he could be useful, but no one really took him seriously. They only saw him as the happy, bouncing dog who could never sit still.

One night, as Gustav sat on his windowsill, watching the darkness outside, he saw the raccoon sneaking around again, this time with a sack full of stolen goodies. He realized he couldn't stop it on his own—he needed help. With a sigh, he knew there was only one who could help him right now.

He quickly ran over to the house next door and gently knocked on the door with his paw. Loke, who was lying on his mat, jumped up excitedly when he saw Gustav. "Gustav! Do you want to play?"

"No, we've got a job to do," Gustav said dryly. "There's a raccoon causing all this trouble, and we need to stop him."

Loke's eyes lit up. "I knew something was going on! Let's catch it!"

Together, they quietly crept through the gardens, following the raccoon's trail and coming up with a plan. Gustav used his sharp mind to predict where the raccoon would strike next, while Loke, with his quick agility, could run around and block the raccoon's escape routes.

When they finally heard the rattling of a trash can, they knew it was time. With Gustav giving the signals and Loke dashing forward, they managed to surprise the raccoon. The raccoon dropped its sack and tried to flee, but Loke was too fast. With a joyful bark, he chased the raccoon, and together they drove it out of the neighborhood for good.

As peace returned to Gläntby, Gustav and Loke sat together on a bench, watching the sunrise.

"You know, you're not so bad after all," Gustav said with a small smile.

Loke wagged his tail. "And you're not as grumpy as I thought, Gustav. Maybe we can be friends after all?"

From that day on, Gustav and Loke were inseparable. They may have been different, but together they showed that friendship could overcome anything—even a sneaky raccoon.

Den Hemliga Trädgårdstomten

I utkanten av en liten stad fanns en vacker trädgård, full av blommor, buskar och små gångar som slingrade sig genom rabatterna. I ett av hörnen av trädgården stod en liten stenstaty, föreställande en trädgårdstomte med ett vänligt leende och en liten hatt på huvudet. Det var ingen vanlig tomte. Varje natt, när månen steg och stjärnorna glittrade, vaknade tomten till liv.

Denna tomte hette Lilla, och hon var en trädgårdsfe. Varje natt smög hon runt i trädgården, skapade magiska scener, fick blommorna att lysa i mörkret och skapade små regnbågar som dansade genom luften. Men trots all sin magi kände Lilla sig ensam. Ingen visste om hennes existens, och varje morgon försvann hennes skapelser när solen gick upp.

I huset bredvid bodde en flicka som hette Sofie. Hon älskade sin trädgård, men något fattades. Varje dag lekte hon bland blommorna, men hon kände att trädgården skulle kunna vara något mer, något magiskt. Sofie brukade ibland sitta på en liten bänk och titta på den lilla trädgårdstomten, önskandes att något spännande skulle hända.

En natt, när Lilla skapade sitt vanliga stjärnljusregn över rosorna, hörde hon plötsligt ett ljud. Det var Sofie, som hade smugit ut i trädgården utan att säga något till någon. Hon hade alltid undrat vad som hände där ute på natten, och nu såg hon något fantastiskt framför sig – tomten var levande, och hon skapade ren magi.

"Vem är du?" frågade Sofie förvånat.

Lilla stannade upp och såg på flickan. "Jag är Lilla, trädgårdsfen," svarade hon blygt. "Jag kommer till liv varje natt för att göra trädgården vacker, men ingen har någonsin sett mig förut."

Sofie log stort. "Det är fantastiskt! Får jag hjälpa dig?"

Lilla var först tveksam, men hon såg längtan i Sofies ögon och nickade till slut. "Okej, men du måste lova att hålla det hemligt."

Från den natten började Sofie och Lilla arbeta tillsammans. De skapade lysande stjärnblommor, små gnistrande fontäner och blommor som kunde sjunga. Varje natt förvandlade de trädgården till en underbar plats full av färger och ljus. De hade så roligt tillsammans, och Lilla kände sig aldrig ensam igen.

Men det bästa av allt var att deras vänskap växte starkare för varje natt. Sofie lärde sig mycket om trädgårdens magi, och Lilla insåg att hon inte behövde vara ensam längre.

En dag sa Sofie: "Kanske kan vi en dag visa alla hur vacker trädgården kan vara, även på dagen."

Lilla tänkte på det och nickade. "Ja, men tills vidare är det vår hemlighet."

Och så fortsatte de, natt efter natt, att skapa magiska scener i trädgården. Trädgården var kanske en hemlig plats, men för Sofie och Lilla var den ett rike av vänskap och fantasi.

The Secret Garden Fairy

On the edge of a small town, there was a beautiful garden, full of flowers, bushes, and small paths winding through the flowerbeds. In one corner of the garden stood a little stone statue of a garden fairy with a friendly smile and a small hat on her head. But this was no ordinary fairy. Every night, when the moon rose and the stars twinkled, the fairy came to life.

This fairy's name was Lilla, and she was a garden sprite. Every night, she would sneak around the garden, creating magical scenes, making the flowers glow in the dark, and casting tiny rainbows that danced through the air. But despite all her magic, Lilla felt lonely. No one knew she existed, and every morning, her creations disappeared when the sun came up.

In the house next door lived a girl named Sophie. She loved her garden, but something was missing. Every day, she played among the flowers, but she felt like the garden could be something more—something magical. Sophie would sometimes sit on a small bench and gaze at the little garden fairy statue, wishing that something exciting would happen.

One night, as Lilla was creating her usual starlight shower over the roses, she suddenly heard a sound. It was Sophie, who had quietly sneaked out into the garden without telling anyone. She had always wondered what happened out there at night, and now she saw something amazing before her—the fairy was alive, and she was creating pure magic.

"Who are you?" Sophie asked, astonished.

Lilla froze and looked at the girl. "I'm Lilla, the garden fairy," she replied shyly. "I come to life every night to make the garden beautiful, but no one has ever seen me before."

Sophie grinned widely. "That's incredible! Can I help you?"

At first, Lilla was hesitant, but she saw the longing in Sophie's eyes and finally nodded. "Okay, but you must promise to keep it a secret."

From that night on, Sophie and Lilla worked together. They created glowing star-flowers, tiny sparkling fountains, and flowers that could sing. Every night, they transformed the garden into a wonderful place full of color and light. They had so much fun together, and Lilla never felt lonely again.

But the best part of all was that their friendship grew stronger with each passing night. Sophie learned a lot about the magic of the garden, and Lilla realized she didn't have to be alone anymore.

One day, Sophie said, "Maybe one day we can show everyone how beautiful the garden can be, even in the daytime."

Lilla thought about it and nodded. "Yes, but for now, it's our secret."

And so they continued, night after night, creating magical scenes in the garden. The garden might have been a secret place, but for Sophie and Lilla, it was a kingdom of friendship and imagination.

Oliver och Drakägget

En solig eftermiddag lekte Oliver i sin bakgård, precis som han brukade göra. Men den här dagen var annorlunda. När han grävde i jorden under det stora trädet längst bak i trädgården, stötte han plötsligt på något hårt och konstigt. Han borstade bort jorden och fick syn på ett stort, glänsande ägg. Det var inget vanligt ägg. Det skimrade i alla regnbågens färger och var mycket större än något fågelägg han någonsin hade sett.

"Vad kan det här vara?" tänkte Oliver högt. Han plockade upp ägget och bar in det i huset, full av förundran.

Han visste att detta inte var något vanligt fynd. Kanske var det en dinosaurie? Eller något ännu mer magiskt? Efter några dagar började ägget plötsligt spricka, och till Olivers stora förvåning kläcktes en liten drake ut. Den var inte större än en kattunge, men dess små vingar och långa svans avslöjade att den verkligen var en drake.

Draken tittade upp på Oliver med sina stora, glänsande ögon och puffade försiktigt ut en liten rökpuff. Oliver visste direkt att han måste hjälpa draken. "Vi måste hitta din familj!" sa han bestämt.

Så Oliver och den lilla draken, som han kallade Eldis, begav sig ut på en resa för att hitta drakens familj. De reste genom skogar och över berg, mötte olika varelser på vägen, men ingen hade sett några andra drakar på länge.

Under deras resa stötte de på faror, som djupa raviner och mörka grottor, men varje gång de stod inför en utmaning, fann Oliver modet att övervinna sina rädslor. Med Eldis vid sin sida lärde han sig att vara modig inte handlar om att inte vara rädd, utan om att göra det rätta trots sin rädsla.

En dag, när de nådde en hög klippa vid en enorm sjö, såg de något fantastiskt. På andra sidan sjön, mitt bland molnen, såg de en grupp drakar som flög högt upp i himlen. Eldis hoppade av glädje och flaxade med sina små vingar.

"Det måste vara din familj!" ropade Oliver.

Med hjälp av en båt som de byggde av stora trädgrenar, seglade de över sjön. När de kom fram till andra sidan, flög Eldis upp till de andra drakarna. Det var en fantastisk syn att se. Eldis hade hittat sin familj, och Oliver visste att det var dags att säga adjö.

"Du måste stanna här med dem," sa Oliver, även om det gjorde ont att säga farväl till sin vän.

Men Eldis vände sig om och blåste en liten eldflamma som ett sista hejdå. Oliver vinkade och visste att han hade gjort något väldigt speciellt. Han hade inte bara hittat modet inom sig själv, utan också hjälpt en vän att hitta hem.

Oliver and the Dragon's Egg

One sunny afternoon, Oliver was playing in his backyard, just like he usually did. But this day was different. While digging in the dirt under the big tree at the back of the garden, he suddenly hit something hard and strange. He brushed away the soil and uncovered a large, shiny egg. It was no ordinary egg. It shimmered with all the colors of the rainbow and was much bigger than any bird egg he had ever seen.

"What could this be?" Oliver wondered out loud. He picked up the egg and carried it inside, full of curiosity.

He knew this wasn't an ordinary find. Could it be a dinosaur? Or something even more magical? After a few days, the egg suddenly started to crack, and to Oliver's great surprise, a tiny dragon hatched from it. It wasn't bigger than a kitten, but its little wings and long tail revealed that it was indeed a dragon.

The dragon looked up at Oliver with its big, shiny eyes and gently puffed out a small cloud of smoke. Oliver immediately knew he had to help the dragon. "We need to find your family!" he said firmly.

So, Oliver and the little dragon, whom he named Eldis, set out on a journey to find the dragon's family. They traveled through forests and over mountains, meeting different creatures along the way, but no one had seen any other dragons in a long time.

During their journey, they faced dangers, such as deep ravines and dark caves, but each time they encountered a challenge, Oliver found the courage to overcome his fears. With Eldis by his side, he learned that being brave wasn't about not being afraid, but about doing the right thing despite being scared.

One day, when they reached a high cliff by a massive lake, they saw something incredible. Across the lake, high among the clouds, they saw a group of dragons flying high in the sky. Eldis jumped with joy and flapped his little wings.

"That must be your family!" Oliver shouted.

With the help of a boat they built from large tree branches, they sailed across the lake. When they arrived on the other side, Eldis flew up to the other dragons. It was an amazing sight. Eldis had found his family, and Oliver knew it was time to say goodbye.

"You need to stay here with them," Oliver said, though it hurt to say farewell to his friend.

But Eldis turned around and blew a small flame as a final goodbye. Oliver waved, knowing that he had done something very special. He had not only found the courage within himself, but he had also helped a friend find his way home.

Professor Pumpernickels Fantastiska Äventyr

———

Professor Pumpernickel var en mycket märklig man. Han bodde i ett litet hus vid kanten av staden, fyllt med alla möjliga konstiga maskiner och prylar. Det var alltid rök och gnistor som flög ur hans lilla verkstad, och ljudet av skramlande verktyg hördes nästan dygnet runt.

Men Pumpernickel var inte vilken uppfinnare som helst – hans uppfinningar hade en tendens att gå lite fel. En gång försökte han uppfinna en maskin som skulle laga mat åt honom, men den slutade med att kasta grönsaker över hela köket. En annan gång byggde han en apparat som skulle vika tvätt, men den slog knutar på alla hans skjortor istället.

En dag knackade det på dörren. Utanför stod en liten flicka med ett brett leende på läpparna. Hon hette Elvira och var den mest nyfikna flickan i hela staden.

"Professor Pumpernickel!" sa Elvira. "Jag har hört så mycket om dina uppfinningar. Kan jag få hjälpa dig?"

Pumpernickel tittade förvånat på henne men kunde inte låta bli att le. "Tja, varför inte? Två huvuden är bättre än ett!"

Så började ett osannolikt partnerskap mellan den excentriske professorn och den nyfikna flickan. Tillsammans experimenterade de med nya uppfinningar varje dag. De byggde en maskin som skulle klippa gräsmattan, men den började istället att spruta vatten över hela gården. De försökte uppfinna en självrengörande dammsugare, men den började blåsa damm istället för att suga upp det.

Varje gång något gick fel, brast de båda ut i skratt. Istället för att bli frustrerade, såg de sina misstag som nya möjligheter att lära sig. Och med varje misstag lärde de sig hur de skulle förbättra sina uppfinningar.

En dag fick Pumpernickel en idé för en uppfinning som verkligen skulle förändra saker. "Vad sägs om en flygande cykel?" sa han och glittrade i ögonen.

Elvira hoppade upp och ner av glädje. "Ja! Låt oss bygga en!"

Efter dagar av hårt arbete var cykeln äntligen klar. Den var utrustad med stora vingar och en propeller. De tog med den till parken för att testa den. Men precis när de skulle lyfta, började cykeln snurra runt i cirklar och lyfte inte alls.

De landade båda i ett buskage och rullade över sig själva av skratt. "Nåja," sa Pumpernickel, "det kanske inte blev som vi tänkte, men det var en fantastisk tur!"

Elvira log stort och svarade, "Nästa gång ska vi få den att flyga!"

Och så fortsatte de sina äventyr, lärde sig av sina misstag och hade roligt längs vägen. Professor Pumpernickel och Elvira upptäckte att det bästa med att vara en uppfinnare inte var att alltid lyckas – det var att aldrig ge upp och alltid se det roliga i varje misslyckande.

The Amazing Adventures of Professor Pumpernickel

Professor Pumpernickel was a very peculiar man. He lived in a small house on the edge of town, filled with all kinds of strange machines and gadgets. There was always smoke and sparks flying out of his little workshop, and the sound of clattering tools could be heard almost around the clock.

But Pumpernickel wasn't just any inventor – his inventions had a tendency to go a little wrong. Once, he tried to invent a machine to cook his meals, but it ended up throwing vegetables all over the kitchen. Another time, he built a device to fold his laundry, but it tied all his shirts into knots instead.

One day, there was a knock at the door. Outside stood a little girl with a wide smile on her face. Her name was Elvira, and she was the most curious girl in the entire town.

"Professor Pumpernickel!" said Elvira. "I've heard so much about your inventions. Can I help you?"

Pumpernickel looked at her in surprise but couldn't help but smile. "Well, why not? Two heads are better than one!"

Thus began an unlikely partnership between the eccentric professor and the curious girl. Together, they experimented with new inventions every day. They built a machine to mow the lawn, but it ended up spraying water all over the yard. They tried to invent a self-cleaning vacuum, but it started blowing dust around instead of sucking it up.

Every time something went wrong, they both burst out laughing. Instead of getting frustrated, they saw their mistakes as new opportunities to learn. And with every mistake, they figured out how to improve their inventions.

One day, Pumpernickel had an idea for an invention that would really change things. "How about a flying bicycle?" he said, his eyes twinkling.

Elvira jumped up and down with excitement. "Yes! Let's build one!"

After days of hard work, the bicycle was finally ready. It was equipped with large wings and a propeller. They took it to the park to test it out. But just as they were about to take off, the bike started spinning in circles and didn't lift off at all.

They both landed in a bush and rolled over laughing. "Well," said Pumpernickel, "it might not have worked as planned, but that was a fantastic ride!"

Elvira grinned and replied, "Next time, we'll get it to fly!"

And so, their adventures continued, learning from their mistakes and having fun along the way. Professor Pumpernickel and Elvira discovered that the best part of being an inventor wasn't always succeeding – it was never giving up and always finding humor in every failure.

Penseln

Det var en gång en pojke som hette Leo. Leo älskade att måla mer än något annat. Han tillbringade timmar i sitt rum, med färg och penslar spridda över hela bordet. En dag, när han var på väg till den lokala konstaffären, upptäckte han en gammal pensel som låg gömd bakom några burkar med färg. Den såg inte mycket ut för världen, men Leo kände att det var något speciellt med den.

Han tog med sig penseln hem och började måla. Till hans förvåning, så fort han svepte penseln över duken, började allt han målade att komma till liv! En sol strålade med ljus, blommor dansade i vinden, och fåglar kvittrade i hans rum. Leo var överlycklig! Han hade aldrig haft så roligt.

Men snart började han att bli lite för busig. Han målade en stor och vacker drake. När draken vaknade till liv, flög den runt i rummet, spridde färg och förödelse överallt! Leo skrattade först, men snart blev han rädd. Draken hade ingen aning om hur man skulle bete sig inomhus och orsakade en massa kaos. Leo insåg att han behövde få draken utanför innan den förstörde hela hans rum.

Han tog en djup andning och ropade på draken, "Kom igen, ut i trädgården!" Lyckligtvis följde draken honom, men nu ville den ha mer att göra. Leo började måla flera saker – träd, blommor och till och med en liten sjö. Varje gång något nytt kom till liv, blev situationen mer och mer utmanande.

Snart var hela trädgården fylld av hans skapelser: en liten by av trollkarlar, en flock av spralliga kaniner, och till och med en grönskande regnbåge som sträckte sig över himlen. Leo insåg att hans skapelser inte bara var roliga, utan de krävde också ansvar.

Han visste att han behövde ta kontroll över situationen. "Okej, alla! Dags att återvända till papperet!" sa Leo. Han tog sin pensel och började måla över sina skapelser, en efter en, tills allt blev stilla igen. När han var klar kände han sig lättad, men också lite ledsen över att behöva säga adjö till sina fantastiska vänner.

Det var då Leo insåg att konsten är en kraftfull sak. Med stor kreativitet kommer också ett stort ansvar. Från den dagen målar Leo med mer omtanke och alltid ser till att han är medveten om konsekvenserna av sina skapelser.

The Paintbrush

Once upon a time, there was a boy named Leo. Leo loved to paint more than anything else. He spent hours in his room, with paints and brushes scattered all over the table. One day, while walking to the local art store, he discovered an old paintbrush hidden behind some cans of paint. It didn't look like much, but Leo felt there was something special about it.

He took the brush home and began to paint. To his amazement, as soon as he swept the brush across the canvas, everything he painted came to life! A sun shone brightly, flowers danced in the wind, and birds chirped in his room. Leo was overjoyed! He had never had so much fun.

But soon, he began to get a bit too mischievous. He painted a big, beautiful dragon. When the dragon came to life, it flew around the room, spreading color and chaos everywhere! Leo laughed at first, but soon he became scared. The dragon had no idea how to behave indoors and caused a lot of mayhem. Leo realized he needed to get the dragon outside before it destroyed his whole room.

Taking a deep breath, he called out to the dragon, "Come on, let's go to the garden!" Fortunately, the dragon followed him, but now it wanted more to do. Leo began to paint more things—trees, flowers, and even a little pond. Each time something new came to life, the situation became more and more challenging.

Before long, his entire garden was filled with his creations: a little village of wizards, a flock of frolicking rabbits, and even a shimmering rainbow stretching across the sky. Leo realized that his creations were not just fun, but they also required responsibility.

He knew he had to take control of the situation. "Alright, everyone! Time to go back to the paper!" Leo said. He took his brush and began to paint over his creations, one by one, until everything was still again. When he was done, he felt relieved but also a little sad to say goodbye to his fantastic friends.

It was then that Leo understood that art is a powerful thing. With great creativity comes great responsibility. From that day on, Leo painted with more care, always mindful of the consequences of his creations.

Luna och den Stjärnklara Natten

Det var en gång en nyfiken flicka vid namn Luna. Hon älskade att titta upp på natthimlen och drömma om stjärnorna. En natt, när hon låg i sin säng och stirrade upp på den stjärnklara himlen, såg hon något fantastiskt – en skjutande stjärna som svepte förbi. Luna önskade att hon kunde följa med stjärnan på dess resa.

Till hennes stora förvåning hörde hon en mjuk röst. "Hej, Luna! Jag är Stella, den skjutande stjärnan! Vill du följa med mig på ett äventyr?" Luna kunde knappt tro sina öron. Hon nickade ivrigt och plötsligt befann hon sig svävande genom natthimlen med Stella vid sin sida.

De flög förbi glittrande stjärnor, färgglada planeter och även en måne som såg ut som en stor ost. Luna skrattade av glädje när Stella visade henne hur man dansade bland stjärnorna. De besökte den röda planeten Mars, där de träffade små, vänliga marsianer som bjöd in dem på en fest. Tillsammans lekte de och delade berättelser om sina världar.

När de reste vidare till den blå planeten Jorden, såg Luna barn som också tittade upp mot natthimlen. "Titta, Stella!" sa hon. "De drömmer precis som jag gjorde!" Stella log och sa, "Det är viktigt att dela våra äventyr med dem."

Luna och Stella började strö stjärnstoft över barnen. "Detta är magin av stjärnorna," förklarade Stella. "Låt dem drömma om sina egna äventyr." Barnen började klappa och skratta när de såg stjärnstoftet glittra omkring dem.

Efter många äventyr började det bli dags för Luna att återvända hem. "Jag kommer alltid att minnas detta," sa hon till Stella, "och jag kommer att berätta för alla om stjärnorna." Stella blinkade med sina stjärnögon. "Och jag kommer alltid att finnas där uppe, för att lysa över dig."

Luna sveptes tillbaka till sin säng och somnade med ett leende på läpparna, drömmandes om framtida äventyr med sin vän Stella, den skjutande stjärnan.

Luna and the Starry Night

Once upon a time, there was a curious girl named Luna. She loved to gaze up at the night sky and dream about the stars. One night, as she lay in her bed staring up at the starry sky, she saw something amazing—a shooting star zooming by. Luna wished she could follow the star on its journey.

To her surprise, she heard a soft voice. "Hello, Luna! I am Stella, the shooting star! Would you like to join me on an adventure?" Luna could hardly believe her ears. She eagerly nodded, and suddenly, she found herself floating through the night sky with Stella by her side.

They flew past twinkling stars, colorful planets, and even a moon that looked like a giant cheese. Luna laughed with joy as Stella showed her how to dance among the stars. They visited the red planet Mars, where they met small, friendly Martians who invited them to a party. Together, they played and shared stories about their worlds.

As they traveled to the blue planet Earth, Luna saw children looking up at the night sky too. "Look, Stella!" she said. "They are dreaming just like I did!" Stella smiled and said, "It's important to share our adventures with them."

Luna and Stella began to sprinkle star dust over the children. "This is the magic of the stars," Stella explained. "Let them dream of their own adventures." The children clapped and laughed as they saw the stardust sparkle around them.

After many adventures, it was time for Luna to return home. "I will always remember this," she said to Stella, "and I will tell everyone about the stars." Stella twinkled her starry eyes. "And I will always be up there, shining down on you."

Luna was swept back to her bed and fell asleep with a smile on her face, dreaming of future adventures with her friend Stella, the shooting star.